AF585914

Harmonie

SAHA C.

Harmonie

Varella

© Éditions Varella 2024 - SAHA C.

ISBN : 9782386170775

Le code de la propriété intellectuelle n'autorisant aux termes des paragraphes 2 et 3 de l'article L.122-5, d'une part, que les copies ou reproductions strictement réservées à l'usage privé du copiste et non destinées à une utilisation collective et, d'autre part, sous réserve du nom de l'auteur et de la source, que les analyses et les courtes citations justifiées par le caractère critique, polémique, pédagogique, scientifique ou d'information, toute représentation ou reproduction intégrale ou partielle, faite sans le consentement de l'auteur ou de ses ayants droit ou ayants cause, est illicite (article L.122-4). Cette représentation ou reproduction, par quelque procédé que ce soit, constituerait donc une contrefaçon sanctionnée par les articles L.335-2 et suivants du Code de la propriété intellectuelle.

L'horizon souligne l'infini.

Victor Hugo

À ma ville natale, Cap-Haïtien

À mes camarades

Préface

Le dire poétique n'a jamais été une simple affaire de lettres. Je le dis et le redis de temps en temps, que le poème prend les mots comme prétexte pour tenter d'exprimer la pureté du signifiant. C'est-à-dire ce qui se laisse porter par un son, un symbole mais qui n'est pas en soi une signification. Il faut toujours demander qu'est-ce que la Poésie, puisqu'on ne le sait jamais finalement. Qu'est-ce que la poésie je me demande ? Je pense qu'il faut tenter de lire entre les lignes.

Ce recueil que voici est une expression de l'essence d'une âme et de sa pureté. Ce qu'on n'arrivera jamais à exprimer réellement, parce que le silence est l'unique traduction de la vérité. La poésie, peut-être, en est une meilleure tentative. Dire sans dire et passer par le para-dit pour porter toutes les possibilités. Le lecteur se reconnaîtra à travers l'amour, la haine, le dégoût, mais surtout l'espoir, l'espérance d'un lendemain tel un général soleil au milieu du chaos.

Je me suis reconnu personnellement à plusieurs reprises et c'est peut-être l'occasion d'évoquer un vécu et mon rapport particulieravec la poésie :

Il y a des douleurs

Qui résistent

même

À l'éternité

Elles ne nous quittent tout simplement
jamais […]

J'exprime ma rage et ma tristesse
à travers ce bout de papier.
Je ne sais pas comment
les exprimer autrement.

Décrire cette œuvre pourrait passer par le thème de l'amour, de l'espérance et de la foi. Sa singularité serait un écho de l'abîme et l'immortalité d'un regard et de nos vécus en filigrane, quand les temps ravageurs veulent nous arracher notre histoire, notre enfance et nos rêves.

Je vous invite à lire des lettres mais surtout des ombres qui ne se laissent qu'entrevoir et ce n'est que par le clonage de sens sur les mots qui deviennent corps invitant à l'imaginaire, pauvre imaginaire. L'essentiel n'est pas ce que l'on dit mais ce qui résonne dans l'au-delà, entre quartier général du silenceimmortel et la spirale impossible de la tracée divine, qui est un poème pur : Le premier poème et aussi le dernier, au milieu c'est l'éternité.

Bonne lecture !

Pascal APOLLON

Professeur de littérature et de philosophie, Écrivain,
Psychanalyste.

Il fait si froid et je suis dehors
le ciel est gris
la rue est silencieuse
les voitures sont rares
et quand tu les vois
durant un instant
la vie est comme en
slow-motion
J'entends les colibris chanter
et les enfants qui jouent au
football
les nuages
recouvrent les montagnes
parfois, ils sont en
dessous
Je ne vois presque plus la citadelle
quand il se met à pleuvoir
Et l'odeur du gaz s'en va
pour laisser place à la fraîcheur
et l'odeur de la terre mouillée
quand il pleut,
je me sens serein
je suis dans ma galerie,
et je regarde la vie
défiler lentement.
Je vois l'homme sur sa bécane,
la chorale chanter,
mon frère parler,
mon crayon m'appeler,
mon livre sourire au loin,
mon chat dormir,
la voiture se reposer,

les plantes valser
J'observe
Et soudainement,
la vie devint une histoire dans un livre.

Reste près de moi,
Jusqu'à ce que je te détruise
De mon amour
qui s'intensifie chaque jour
Reste près de moi,
Jusqu'à ce que cet amour te consume
au jour le jour
Je t'aime tellement

Riche
Tu étais riche
Au creux de ses yeux
Pas de son admiration
Mais des perles de larmes qui coulaient
Comme un torrent déchaîné pour toi

Merci
Pour rien et pour tout
Pas parce que tu m'aimes
pour celle que je suis
et crois en moi quand les autres
ne le font pas
Je te dis tout simplement merci
Parce que tu me laisses t'aimer
Malgré les blessures du passé
Qui ont du mal à cicatriser

Avoir fait partie de sa vie,
c'est à jamais exister entre les pages
De son livre
Une si belle histoire
Qui malheureusement laisse un goût d'amertume
Dans nos cœurs
Un amour interdit
Qui vivra éternellement
au plus profond de nos âmes

Masque tes sentiments démolis
Derrière ce regard devenu cécité.

Anges déchus, démons marqués
Créant des rebellions infinies dans mon esprit.

Aveugle de la vérité, crie aussi fort que tu le peux,
Ou murmure, c'est comme tu veux.

Créatrice d'au-delà des mots,
Un monde sortant de la réalité devient ton vœu.

Poète à la plume légère et douce,
Je suis ces noms, je demeure pourtant sans nom.

Je crée des mondes
Et fais vivre mes raisons.

Voilà que je devins
Un inconnu qui vécut.

Me dire que tout ira bien
Est pour moi
le refrain salutaire pour ne pas baisser
les bras
Même si en moi,
je sais que je vis une bien triste vérité

Si j'avais dans la vie
quelqu'un pour m'apprendre à aimer
J'aurais aimé beaucoup plus fort
Si j'avais dans la vie
Quelqu'un pour m'apprendre
à rester debout quand je m'écroule
sur le trottoir des désirs inassouvis
Je ne serais plus attachée au sol
Si j'avais dans la vie
Quelqu'un pour m'apprendre
à sourire,
Mes larmes n'engloutiraient pas l'horizon
Si j'avais dans la vie
Quelqu'un pour m'apprendre
à crier quand j'ai mal,
J'aurais évacué ces douleurs
qui sommeillent dans le creux de mes veines
Si j'avais dans la vie
quelqu'un pour me dire que grandir ça craint
Je demanderais à Peter Pan
comment rester à jamais un enfant
Si j'avais dans la vie
Quelqu'un pour me dire qu'en dépit de ses rêves brisés
La vie est tout de même merveilleuse
J'affronterais avec courage le destin
Mais je sais au plus profond de mon être
que ces bons samaritains
ont été toujours là
J'ai juste pas prêté attention

Il y a

Ceux qui veulent pleurer

mais qui ont peur d'attrister les leurs
Veulent partir

Peur de blesser

Veulent s'exprimer

Peur d'être mal compris

Veulent demander
Peur de se voir refuser

Il y a ceux qui dans une nuit de solitude

Veulent tuer le mal en eux en silence

19.10.22

Je refuse de croire en l'amour
Si je ne peux pas affronter mes derniers jours
avec toi à mes côtés
Je refuse de croire en l'amour
Si de ma fenêtre étant
Je ne peux pas observer la beauté de l'automne
Au creux de tes bras

Et si…

Et si
Ces cris crus qui résonnent
Au plus profond de moi
Toutes ces larmes étouffées
par peur d'inquiéter
Ces voix dans ma tête
me poussant dans l'abysse du désespoir
Cette envie de tout chambouler
et partir
Ces longs dialogues
Entre l'incertitude et moi,
chaque nuit
jusqu'à l'infini
Où seule la lune
me tenait compagnie
Si toutes mes confessions
dans la solitude de ma chambre
à Dieu
avant de dormir
étaient entendues
Serais-je toujours la même à tes yeux ?

Je suis obstinée
à garder mon masque
chaque jour de chaque année
Jusqu'à ce qu'un ange passe
Et qu'il
finisse par trouver le bout du fil
perdu dans mes cheveux
pour l'enlever

Mon oreiller connaît très bien notre histoire
Je la lui raconte chaque soir
mêlée avec mes sanglots
Peut-être que comme moi
il espérait plus
Car il me demande toujours la suite
Avec tellement d'enthousiasme
Je n'ai jamais eu la force de lui dire
Que notre amour c'est de l'histoire ancienne
Et que je suis prête à tourner la page
Mon oreiller est le seul à savoir combien je tenais à toi
Il a essuyé mes larmes tant de fois
Et comme moi,
il espère que ma fin heureuse soit avec toi

Mon cœur était si dévasté
que j'ai dû,
pour le retenir d'un acte dépassé,
le mettre en sourdine,
et faire ce qu'exige mon âme
qui était à bout de souffle

Tu étais tout pour moi
Comme mes yeux d'amande
Pour trouver ma direction
Comme mes pieds fermes
Qui m'emmènent partout
Tu signifiais tant pour moi
Bien plus que tu ne le penses.
Mais, j'ai redessiné ma vie
en plein cœur du ciel
avec des soleils lumineux,
des nuages blancs
et des oiseaux qui y planent
Je l'améliore chaque jour
Et je souhaite que tu ne sois qu'un lointain souvenir
enfoui au plus profond
de mon âme

Une page blanche
c'est comme ma vie sans Dieu

Nous sommes beaucoup trop
dépendants du bon vieux temps
Nous n'avons besoin que d'un tout petit souvenir
pour illuminer nos visages affligés
par le poids cruel des heures qui passent
Ce n'est que le seul moyen
de garder la tête hors de l'eau
Nous assistons à un monde
Qui nage dans une rivière de tristesse

Le « blokus » chez moi

C’est la lumière
De la lune,
mêlée aux phares des voitures
l’air étouffant
et l’odeur nauséabonde du carburant
Ces heures innombrables à attendre
une légère secousse
les injures des passants
les insultes des mauvais perdants
21h03
Je suis là, une parmi des milliers
qui a peur de fermer les yeux
par peur de se faire dépouiller
Ici c’est ma ville, bienvenue chez moi

On s'était promis
Que rien ni personne ne nous séparerait
Mais nous ne savions pas
Que ce serait nous
Qui en serions la cause
Notre pour toujours
A duré moins longtemps que celui des autres

J'apprends à savourer les petites choses
Celles que la vie veut bien m'offrir
Pour mieux me reconstruire

Survivre

J'ai survécu à tant de choses mais surtout à ta perte
J'ai survécu aux journées grises
où j'entendais en boucle ta voix
et aux heures ensoleillées où j'entendais tes rires
J'ai survécu aux envies de te retrouver,
je sais que ce n'est pas ce que tu aurais souhaité.

J'ai survécu à la nostalgie de nos jours ensemble
J'ai survécu au manque de tes bras,
tes yeux,
ton corps,
tes lèvres.

J'ai essayé de te remplacer, comme tu me l'as demandé
et après tant d'essais, je suis enfin heureuse.
Avec quelqu'un qui me fait sourire, grandir,
quelqu'un qui me fait fleurir.
Mais il m'a aussi appris que plus jamais
je ne serai aussi en amour que je l'ai été avec toi.

J'ai pris du temps à l'accepter mais
J'ai survécu à cette réalité
Je l'aime mais pas comme je t'ai aimé.
Repose en paix mon amour,
Sache que je t'aimerai pour toujours.

Je t'aime toujours
Mais j'ai arrêté de te poursuivre.

Je me déteste toujours
Mais j'ai arrêté de me détruire.

J'ai décidé de ne plus forcer
Et de te laisser t'en aller.

J'ai compris que je suis une femme de valeur
Et que même sans toi,
je pourrais devenir meilleure.

Tu me rappelles tous les jours
que je ne suis pas assez bonne pour toi
Pourtant, je suis toujours là
à tes côtés

Ne me pousse pas à te haïr
L'indifférence que tu as
Envers l'amour qui suffoque en moi
Me fera te détester à jamais
Car je t'ai trop aimé.

Tu savais qu'il y aurait des jours plus durs que d'autres.
Mais tu t'étais promis de ne pas
laisser tomber.
Ça va aller. Courage !

Enfin.
Ton absence n’est plus ce poids
lourd qui me tirait vers le bas.
Il est maintenant,
cette fleur
vers de nouveaux horizons.

Si seulement, j'avais pu voir au-delà de tes sourires.
Si seulement Dieu m'avait permis de lire dans ton cœur.
Si seulement j'avais compris l'hypocrisie enfouie
au plus profond de ton regard.

Si seulement la peur ne me terrassait pas
Si seulement j'avais pu réagir à la vue de tes larmes
de crocodile
Si seulement tu avais réalisé à quel point je tenais à ta vie…

Si seulement j'avais pu te sauver.
Je ne serais pas là
Maintenant, je me demande si tu l'as trouvée
Celle pour qui tu voulais tant nous quitter.

Parfois, il ne pensait même pas à dormir.
Ces rêves éveillés lui suffisaient.

On me dit
que la folie et moi
sommes les meilleures amies du monde
Ça ne me dérange presque plus
Parce que de cette folie
Qui m'habite
M'inspire
Pour jouer avec les mots
En toute liberté

Tout ce que j'ai fait,
Je l'ai fait par amour.

Tous les poèmes d'amour
Parlent de toi.
Je te le jure.
Je suis remontée dans le temps
Et j'ai demandé aux poètes de changer de muse.

J'exprime ma rage et ma tristesse
à travers ce bout de papier.
Je ne sais pas comment
les exprimer autrement.

Il y a des douleurs
Qui résistent
même
À l'éternité
Elles ne nous quittent tout simplement
jamais

Il y aura toujours des jours
Où le soleil ne pointera pas son nez
Dans le ciel
Guérir n'a jamais été facile.
Le plus important n'est pas d'éviter de tomber.
Parce que c'est impossible.
Parce qu'on tombe tous.
Quand on tombe, on se fait mal.
Et on reste un peu au sol avant de se lever.

Il y aura toujours des jours
Où le soleil ne pointera pas son nez
Dans le ciel
Tu as le droit de tomber.
Oui. C'est même normal
De voir la vie en noir
Tu as le droit de rester un peu au sol.
Mais promets-moi de toujours te relever.

Si elle te demande de lui parler de nous,
ne lui parle pas de comment ça s'est terminé
ni de ces moments où nous n'étions pas heureu
Parle-lui de nos soirées passées à contempler les étoiles
dans la prairie des rêves en rose
Parle-lui
De ces heures où nous avons parlé
De ces projets d'avenir qui nous berçaient
De ces fous rires que nous avions,
de ces poèmes que je je te lisais au crépuscule
Parle-lui des karaokés que nous faisions entre amoureux,
et ces valses d'amour sous la pluie.
Dis-lui que tu m'as aimée.
Si elle te demande si tu étais heureux avec moi,
je te laisse libre de répondre
Si elle te demande de lui parler de nous,
ne lui parle pas de comment ça s'est terminé
ni de ces moments où nous n'étions pas heureux
Parle-lui de nos soirées passées à contempler les étoiles
dans la prairie des rêves en rose.

Je suis d'abord tombée amoureuse
de ton sourire,
puis,
quand tu m'as fait ce clin d'œil,
ce sont tes beaux yeux qui m'ont achevée
comme le révolver de Lucky Luke
Je me demandais comment un simple humain
pouvait refléter aussi parfaitement la beauté de Dieu.
Et quand je t'ai connu, je n'ai eu d'autres issues
que de complètement tomber en amour pour tout ce que tu es.
Tu n'es plus qu'un simple humain ou un reflet,
mais un univers à toi tout seul.
Un univers que j'aime tant explorer
pour peut-être, ne plus jamais revenir sur Terre.

Il est trois heures
Le monde se perd dans ses fantasmes éternels
et les enfants voyagent
jusqu'aux confins de l'univers
avec des rêves sous leurs oreillers
pendant que mon crayon me réveille
il veut voyager lui aussi
lampe allumée
cahier sur mes genoux
un coup d'œil sur le cadran
il est trois heures

.

Beauté.
Celle que nous voyons dans les yeux d'un être aimé
dans le décor de mère nature
ou dans le regard d'un nourrisson
Peut-être aussi
dans un livre qui nous a beaucoup plu
ou une histoire à l'eau de rose
qui nous a particulièrement marqués.
La Beauté est dans l'œil de celui qui regarde, dit-on.
Elle est partout, il suffit de savoir comment regarder.
Dans un lever ou un coucher de soleil au bord de la plage,
le silence du matin quand le monde rêve encore,
dans une musique que nous passons en boucle,
un film qui nous a fait pleurer,
le sourire de ceux qu'on aime,
un petit cadeau inattendu,
des mots apaisants,
la joie et la fidélité
que procurent un toutou,
la mer,
la lune,
les fleurs,
la pluie,
une bonne paye,
un bon repas,
une boisson rafraîchissante.
il fait beau partout.
Il suffit d'avoir l'œil.

Mille questions se réveillent
et prennent vie dans mes veines :
Qui suis-je ?
Pourquoi moi ?
Pourquoi ces maux ?
Pourquoi ce corps ?
Pourquoi ces lèvres ?
Pourquoi ces yeux ?
Pourquoi ce nez ?
Pourquoi ces rondeurs ?
Pourquoi cette maigreur ?
Pourquoi ce ventre et ces plis ?
Pourquoi c'est moi qui suis moi ?
Et une voix m'a répondu:
Parce que c'est comme ça et puis c'est tout.
Parce que c'est toi qui as reçu ce cahier
et ce crayon,
pour donner un écho éternel à tes pensées.
Parce que ce corps te permet de faire danser tes rêves
au petit jour
Parce que ces lèvres permettent de bercer,
de dire je t'aime,
chanter, sourire et rire aux éclats.
Elles permettent
d'emmener ceux que tu aimes dans ton univers.
Parce que ces yeux permettent d'aimer.
Ils voient les couleurs et
les merveilles.
Ils voient la beauté.
Parce que ce nez donne aux fleurs une raison d'être.
Il donne à ton
corps la force de se battre chaque seconde

et à ta vie la force de
continuer son chemin.
Parce que ces rondeurs permettent de t'aimer.
Chaque rondeur est un
je t'aime silencieux que t'offre ton corps.
Parce qu'être mince,
t'offre le sourire quand un proche te porte pour te
tourner dans les airs.
Quand ils te serrent dans leurs bras pour faire
dormir tes démons
et qu'ils réchauffent ton cœur.
Parce que ce ventre et ces plis te recouvrent d'amour.
Ils rient quand tu ris,
ils sautent quand tu sautes,
ils pleurent quand tu pleures.
Tu es la seule qui mérite d'être toi,
la seule qui ait la force d'être toi.
Tu es parfaite et personne d'autre
ne mérite cette perfection à part toi.

J'ai survécu
Grâce à l'écriture
je me suis exprimée
Sans regret à travers mes poèmes
D'amour,
De liberté,
J'ai dessiné mes détresses
Sur des pages infinies
J'ai trouvé une bonne raison pour me dire
que la vie vaut peut-être la peine d'être vécue
Et qu'elle est peut-être belle

J'ai ajouté de l'encre vide sur mes maux

Ne te tue pas aujourd'hui
parce que personne ne terminera ce que tu as commencé.
Ne te tue pas aujourd'hui
parce qu'une nouvelle saison de *miraculous* sortira,
enfin je crois.
Oui, tu manqueras à ta mère.
Oui, tes amis diront oh combien tu étais parfait.

Le suicide est une solution permanente à un problème temporaire
Le savais-tu ?
Mais ça, tu le sais. Tu le savais dès le jour où tu as su ce que *suicide*
voulait dire.
Je sais que ces slogans ont perdu de leur force
mais tout ce qui te garde en vie vaut la peine d'être dit.
Donc, ne te tue pas tant que tu n'as pas encore vu un OVNI.

Ne te tue pas parce que je viendrai avec d'autres raisons
pour que tu restes en vie
et je veux que tu les lises.
Ne te tue pas.
Je t'aime.
Tu es important.

C'est un mauvais jour, pas une mauvaise vie!
Il y a tant de choses, à vivre, à découvrir.
Le prochain automne
Les arbres qui renouvellent leurs manteaux
Oui, la Terre continuera de tourner sans toi

et oui, l'amour de ta vie continuera de vivre sans toi.
Mais pense à tous les levers et couchers de soleil
au bord de la plage que tu ne verras plus

Pense à toutes les larmes de joie que tu n'auras pas à verser
à la naissance de ton bébé.
Pense à toutes les nouvelles musiques que tu n'auras pas à écouter
Ou tous les films que tu n'auras pas à découvrir.
Pense à tous les chiots,
ta saveur de glace préférée,
au chocolat ou une bonne journée à la plage
dans le cœur chaud de l'été

Je sais que cela paraît banal
De te parler de la souffrance que tu infligeras à tes proches.
Je sais ce que ça fait
de se sentir seul au milieu de la foule
Il y aura en face de toi les ténèbres
que tu ne verras rien d'autre.
Je sais

Vivre
C'est de rallumer la lumière éteinte
C'est de te donner un nouveau jour d'espoir
À chaque fois qu'arrive ce moment fatidique
donne-toi un autre jour
Rien qu'un jour de plus.

Même si ces « un jour » deviennent des milliers,
Jusqu'à ce que tu obtiennes des « Je ne peux pas attendre que demain arrive!»
Je te prie de rester en vie!
D'affronter dans l'espérance d'un nouveau soleil
tes nombreux démons qui te rendent la vie dure
Je veux que tu croies en toi
Je veux que tu tiennes jusqu'au bout de la vie

Be whoever you want to be
Sauf les ressembler
Elle et lui sont déjà pris, alors sois toi-même.

Ah, j'ai perdu les mots.
Je me préparais pour écrire
et j'ai perdu les mots.
Ils se sont envolés
pour ne plus porter mes lourds fardeaux
éviter de porter le poids de mes maux
Ils sont fatigués de définir à ma place
mes peines
parce que je ne les comprends pas moi-même.

Qu'elle est belle !
Elle a une silhouette qui fait battre la chamade les cœurs
Un sourire qui éblouit
Et même le soleil
A fait une de ces jalousies

Elle est douce
Elle est toutes les couleurs à la fois
Quand elle pleure, c'est le temps qui s'arrête d'avancer,
pour essayer de la réconforter.
Elle me rappelle les mélodies
de Ludovico Einaudi.

Tous ont cherché à la copier.
Quand elle arrête de me regarder, je cesse d'exister.
Je compte les années
qui me séparent d'elle, en espérant la retrouver.
On dit qu'elle est ronde,
Et parfois portée par des éléphants.

Moi, je préfère me dire que c'est un livre.
Avec un début et aucune fin.
Avec des princes charmants et des dragons.
Bref, je sais qu'elle est tout.

Et tout sans elle n'est rien.
La vie, l'amour, la tristesse, les sourires, les papillons
Elle est tout.
Et sans elle, je ne suis rien.

J'aurais aimé être un papillon.
Voler là où bon me semble.

Voler quand le poids du monde
Pèse sur mes épaules.

Remplir le ventre
D'un jeune amoureux.

Faire naître des sourires
Et dessiner des visages radieux

Chère tristesse,

Et moi qui croyais que tu m'avais quittée,
Mais tu étais juste allée prendre tes affaires pour mieux t'installer.

À chaque fois qu'on te fait pleurer,
Tu peux te ressaisir et
S O U R I R E □

Sois reconnaissant pour tous les petits détails de la vie.
Il n'y a aucun cadeau aussi précieux que la vie elle-même.

C'est ok de pleurer
Et ce n'est pas si grave si tu tombes,
Je t'assure que tu n'es pas tout seul.

Achevé d'imprimer en Avril 2024
Dépôt légal : Avril 2024

Pour

Éditions Varella
17, rue du Pressoir
95400 Villiers-Le-Bel

www.ingramcontent.com/pod-product-compliance
Lightning Source LLC
LaVergne TN
LVHW010112170826
845678LV00012B/2375

9782386170775